Agnes Klasicki

3D-Karten

(Diese Karten finden Sie auf Seite 9 bzw. auf Seite 13.)

Fotos: frechverlag GmbH + Co. Druck KG, 70499 Stuttgart;
Fotostudio Ullrich & Co., Renningen

Materialangaben und Arbeitshinweise in diesem Buch wurden von der Autorin und den Mitarbeitern des Verlags sorgfältig geprüft. Eine Garantie wird jedoch nicht übernommen. Autorin und Verlag können für eventuell auftretende Fehler oder Schäden nicht haftbar gemacht werden. Das Werk und die darin gezeigten Modelle sind urheberrechtlich geschützt. Die Vervielfältigung und Verbreitung ist, außer für private, nicht kommerzielle Zwecke, untersagt und wird zivil- und strafrechtlich verfolgt. Dies gilt insbesondere für eine Verbreitung des Werkes durch Film, Funk und Fernsehen, Fotokopien oder Videoaufzeichnungen sowie für eine gewerbliche Nutzung der gezeigten Modelle.

Auflage:	5.	4.	3.	2.	1.	Letzte Zahlen
Jahr:	2005	2004	2003	2002	2001	maßgebend

© 2001

frechverlag GmbH + Co. Druck KG, 70499 Stuttgart

ISBN 3-7724-2846-0 · Best.-Nr. 2846   Druck: frechverlag GmbH + Co. Druck KG, 70499 Stuttgart

Liebe Leserinnen und Leser,

machen Sie auch so gerne wie ich lieben Menschen mit selbst gestalteten Kartengrüßen eine Freude? Dann ist dieses Buch genau das Richtige für Sie, denn hier stelle ich Ihnen wunderschöne 3D-Karten in vielen unterschiedlichen Variationen vor.

Glückwunschkarten zu Anlässen wie Taufe, Geburtstag, Hochzeit, Ostern und Weihnachten sind in diesem Buch ebenso vertreten wie Schmuckkarten, die das ganze Jahr über verschickt oder als Wohnraumdekoration aufgehängt oder -gestellt werden können.

Sie werden sehen, dass Sie mit nur wenigen Materialien und ein bisschen Geschick sehr reizvolle Ergebnisse erzielen können. Und die genauen Anleitungen ermöglichen Ihnen ein problemloses Nacharbeiten der gezeigten Modelle. Selbstverständlich können Sie die gezeigten Karten mit ein wenig Fantasie und Experimentierfreude auch variieren oder Ihre ganz eigenen 3D-Karten entwerfen.

Viel Spaß beim Nacharbeiten und Verschenken

wünscht Ihnen Ihre

Mein Tipp

Für die in diesem Buch vorgestellten 3D-Karten habe ich meistens Doppelkarten verwendet, die es in unterschiedlichen Ausführungen, Größen und Farben und mit oder ohne Passepartout zu kaufen gibt. Wenn Sie wollen, können Sie die Doppelkarten aber auch selbst aus Fotokarton zuschneiden. In diesem Fall benötigen Sie Fotokarton in der doppelten Größe des gewünschten Kartenformats. Mithilfe eines Falzbeins falzen Sie den Fotokarton so in der Mitte, dass eine schöne Doppelkarte entsteht. Die Dreh- und Schüttelkarten sind im Fachhandel ebenfalls in unterschiedlichen Ausführungen und Farben erhältlich.

Materialien und Werkzeuge

Für die Herstellung der Karten benötigen Sie:
- Unterschiedliche Karten
- Fotokarton in verschiedenen Farben
- 3D-Motivbögen, -blätter und -papiere
- 3D-Silikonkleber
- Silhouettenschere (spitz)
- Zierrandscheren
- Ecklocher
- Falzbein
- Cutter mit Schneideunterlage
- Klebestift
- Kraftkleber
- Klebefilm
- Klebeschriftzüge und -motive
- Injektionsspritze
- Pinzette
- Leuchttisch
- Embossing-Schablonen
- Prägestift
- Reliefpaste (z. B. Decorating-Paste oder Relieffa-Paste)
- Spachtel
- Ornare-Schablonen
- Prickelnadel
- Prickelunterlage
- Ornare- und/oder Embossing-Papier
- Doppelseitig klebendes Abstandsband
- Doppelseitiges Klebeband
- Schüttelmaterial
- Mobilefolie, 0,2 mm stark
- Buntstifte
- Bastel-Acrylfarben
- Lackstifte
- Servietten
- Serviettenkleber bzw. -lack
- Ggf. Bügeleisen und Backpapier
- Schreibmaschinenpapier in Weiß
- Synthetik- oder einfache Schulpinsel
- Bleistift

So wird's gemacht

3D-Technik
Für die 3D-Karten benötigen Sie meistens drei bis fünf identische Bilder aus einem Motivbogen. Und so geht's:

1 Zunächst schneiden Sie mit der Silhouettenschere aus dem 3D-Motivbogen ein komplettes Motiv aus, manchmal (wie hier auf dem Foto) mit und manchmal ohne Hintergrund. Kleben Sie dann das Motiv mit einem Klebestift auf die Karte (Abb. 1).

2 Nun müssen Sie entscheiden, welche Motivteile in die Mitte und welche in den Vordergrund Ihrer Karte kommen sollen. Schneiden Sie die Motive entsprechend aus dem Motivbogen aus (Abb. 2).

3 Damit die Motive plastischer wirken, wölben Sie die äußeren Ränder der Bildteile mithilfe des Scherengriffs nach unten.

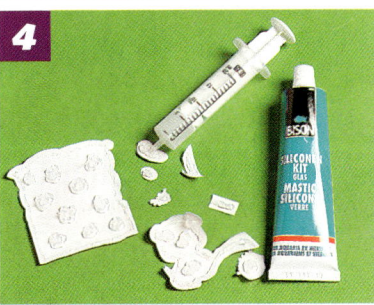

4 Mit der Injektionsspritze bringen Sie dann auf die ausgeschnittenen Motivteile Silikonkleber-Tropfen auf, in der Mitte der Motive größere und an den Rändern kleinere (Abb. 4).

5 Mit der Pinzette positionieren Sie nun die mit Silikontropfen versehenen Motivteile vorsichtig auf dem Kartenmotiv (Abb. 5). Dabei üben Sie in der Mitte nur sehr wenig und an den Rändern etwas mehr Druck aus. Lassen Sie den Silikonkleber ein paar Stunden trocknen, bevor Sie die Karte verschenken.

Mein Tipp
Überlegen Sie sich immer genau, welche Motivteile Sie besonders hervortreten lassen wollen und welche nicht. Sie können sich dabei gerne an den Fotos in diesem Buch orientieren. Wenn Sie möchten, können Sie aber auch ganz andere Motivteile hervortreten lassen.

Präge-Technik (Embossing)

Bei dieser Technik werden Motive in Papier geprägt. Dazu fixieren Sie zuerst die Embossing-Schablone mit Klebefilm auf einem Leuchttisch und legen dann das Papier darauf. Dieses fixieren Sie ggf. ebenfalls. Nun wird das Muster der Schablone mit dem Prägestift nachgezogen, sodass das Papier quasi in die Schablone gedrückt wird. Wird das Papier abgenommen, erscheint das Motiv jetzt auf der rechten Seite des Papiers erhaben. Besonders gut eignen sich zum Prägen Aquarellpapier, weißes Ornare-Papier und helles Embossing-Papier. Bei dunklen Papieren ist die Prägung schlecht zu erkennen. Wenn Sie Fotokarton verwenden, ist der Kraftaufwand beim Prägen etwas größer als bei den anderen Papieren.

Ornare-Technik (Prickeln)

Bei dieser Technik legen Sie Ornare- oder Embossing-Papier auf eine Prickelunterlage aus Moosgummi, legen die Ornare-Schablone darauf und stechen (= prickeln) mit einer dünnen Prickelnadel das Schablonenmuster in die Rückseite des Papiers (Abb. 1). Stechen Sie dabei alle Löcher sehr sorgfältig und gleichmäßig tief. Die Lochränder auf der Vorderseite des Papiers sind nun erhaben. Sind alle Löcher gestochen, wird das Papier umgedreht und auf einer Karte platziert (Abb. 2). Nun können die 3D-Motive aufgeklebt werden.

Relieftechnik

Die Relieftechnik wird bei der Kartengestaltung meistens für Schriftzüge oder kleine Motive verwendet. Dafür legen Sie eine Embossing-Schablone auf die Karte, tragen mit einem Spachtel Reliefpaste auf den Schriftzug oder das Motiv auf und streichen diese glatt. Dann nehmen Sie die Schablone vorsichtig nach oben ab, bevor die Paste trocken wird. Auf der Karte erscheint nun der Schriftzug oder das Motiv erhaben. Wenn Sie wollen, können Sie das Relief noch mit Bastel-Acrylfarben farbig gestalten.

Schüttelkarten selbst gemacht

Nehmen Sie eine fertige Passepartout-Karte oder schneiden Sie mit dem Cutter einen Ausschnitt aus der Vorderseite einer Doppelkarte heraus. Bei manchen Karten (wie z. B. bei „Hurra ein Sohn" auf Seite 9) ist das Motiv, das ausgeschnitten werden soll, übrigens bereits aufgedruckt. Diese Karten werden häufig schon als Schüttelkarten bezeichnet, obwohl Sie sie erst selbst dazu machen. Passend zum Ausschnitt schneiden Sie Mobilefolie zu. Geben Sie dabei an allen Rändern ca. 0,5 cm zu. Säubern Sie die Mobilefolie mit Glasreiniger, damit sie antistatisch wird und das Schüttelmaterial nicht daran haften bleibt. Fertigen Sie dann, sofern es der Passepartout-Karte nicht sowieso schon beiliegt, ein Einlegeblatt aus Fotokarton an, dass an den Rändern 0,5 cm kleiner als die Karte selbst ist. Fixieren Sie die Mobilefolie mit doppelseitigem Klebeband hinter dem Kartenausschnitt. Danach kleben Sie auf die Ränder der Karten-Innenseite doppelseitig klebendes Abstandsband und streuen Schüttelmaterial in das so entstandene Feld. Ziehen Sie die Schutzfolie vom Abstandsband ab und kleben Sie das Einlegeblatt auf.

Serviettentechnik

Lösen Sie von einer 3-lagigen Serviette die oberste bedruckte Schicht ab und schneiden oder reißen Sie das gewünschte Motiv daraus aus. Kleben Sie dann das Motiv mit Serviettenkleber oder -lack auf

dünnes, weißes Schreibmaschinenpapier und streichen Sie es vorsichtig mit den Fingern glatt. Damit das Serviettenmotiv besonders glatt wird, empfehle ich Ihnen, es mithilfe eines Bügeleisens und Backpapier auf

Karten zur Geburt

Hurra ein Baby

(Abb. S. 8/9)
Prägen Sie die Ränder der beiden Ornare-Papierstücke mit der „Herz"-Schablone und umfahren Sie anschließend bei dem großen Papierstück den Rand der Schablone mit Bleistift. Schneiden Sie nun das Zackenmuster am Rand mit der Silhouettenschere aus.
Kleben Sie das größere Ornare-Papier auf die Karte, darauf kommt der gelbe Fotokarton, dann folgt der wasserblaue und zuletzt das kleine Ornare-Papier.
Unten auf dem kleinen Ornare-Papier platzieren Sie das 3D-Motiv. Oberhalb des Motivs erstellen Sie den Schriftzug in der Relieftechnik und bemalen diesen mit Bastelfarbe.

das Schreibmaschinenpapier aufzubügeln. Anschließend schneiden Sie die Serviettenmotive mit einer spitzen Silhouettenschere aus und verarbeiten diese wie bei der Anleitung „3D-Technik" beschrieben weiter.

Material
- 3D-Motivblatt „Geburt"
- Doppelkarte in Gelb, A6
- Ornare-Papier in Weiß, 10 cm x 14,2 cm und 6,5 cm x 10,5 cm
- Fotokarton in Gelb, 8 cm x 12 cm
- Fotokarton in Wasserblau, 7,3 cm x 11,3 cm
- Embossing-Schablone „Herzen"
- Embossing-Schablone „Hurra ein Baby"
- Reliefpaste
- Bastel-Acrylfarbe in Hellblau

Babyfläschchen

Material
- 3D-Motivblatt „Geburt"
- Fotokarton in Wasserblau, 21 cm x 14,8 cm und 6 cm x 4,6 cm
- Ornare-Papier in Weiß, 9,5 cm x 13,8 cm
- Ornare-Schablone „Babyschuhe"

Falten Sie eine Doppelkarte aus dem großen Stück des Fotokartons. Prickeln Sie dann das Muster in das Ornare-Papier und umfahren Sie den Rand der Schablone mit Bleistift. Schneiden Sie den Rand des Ornare-Papiers entsprechend zu und kleben Sie es auf die Karte. Schneiden Sie dann aus dem kleinen Fotokarton-Stück ein Oval in der Größe des Ovals auf der Schablone aus und kleben Sie es mittig auf. Fixieren Sie das 3D-Motiv auf dem Oval und kleben Sie zuletzt die Babyfläschchen auf.

Hurra ein Sohn

Schneiden Sie den Bauch des aufgedruckten Babyfläschchens mit dem Cutter aus und erstellen Sie daraus wie auf Seite 6 beschrieben eine Schüttelkarte. Bemalen Sie den Sauger und den Boden des Fläschchens mit dem hellblauen Buntstift. Kleben Sie dann das 3D-Motiv und die kleinen Fläschchen auf und erstellen Sie in der Relieftechnik den Schriftzug, der noch mit Bastelfarbe bemalt wird. Legen Sie das Schleifenband um den Falz und binden Sie es zu einer kleinen Schleife.

(Weiter auf Seite 10)

Material
- 3D-Motivblatt „Geburt"
- Doppelkarte mit aufgedrucktem Babyfläschchen in Weiß und mit Einlegeblatt in Weiß, A6
- Embossing-Schablone „Hurra ein Sohn"
- Schleifenband in Hellblau, 3 mm breit, ca. 25 cm lang
- Abstandsband (doppelseitig klebend)
- Klebeband (doppelseitig klebend)
- Mobilefolie, 0,2 mm stark
- Bunte Perlen, ø 2 mm
- Buntstift in Hellblau
- Bastel-Acrylfarbe in Hellblau
- Reliefpaste

(Fortsetzung von Seite 8)
Hurra eine Tochter
(Abb. S. 8/9)

Material
- 3D-Motivbogen „Geburt"
- Doppelkarte in Weiß, A6
- Fotokarton in Rosa, 8 cm x 15 cm
- Fotokarton in Wasserblau, 8 cm x 15 cm
- Fotokarton in Weiß, 8 cm x 15 cm
- Embossing-Schablone „Hurra eine Tochter"
- Zierrandschere mit Wellenmuster
- Reliefpaste
- Bastel-Acrylfarbe in Rosa
- Glitzerfarbe in Pink

Schneiden Sie von dem rosafarbenen Fotokarton den linken Rand, von dem wasserblauen Fotokarton den rechten Rand und von dem weißen Fotokarton beide Ränder mit der Zierrandschere ab. Kleben Sie die Fotokartonstücke wie abgebildet übereinander auf die Karte. Kleben Sie dann mittig das 3D-Motiv auf und bringen Sie den Schriftzug in der Relief-Technik auf. Bemalen Sie den Schriftzug mit der rosafarbenen Bastelfarbe und verzieren Sie ihn zusätzlich mit der Glitzerfarbe.

Taufkarten

Blaue Taufkarte

Material
- 3D-Motivbogen „Babys"
- Doppelkarte in Weiß, A6
- Fotokarton in Wasserblau, 9,5 cm x 14 cm
- Ecklocher „Victorian"

Verzieren Sie die Ecken des wasserblauen Fotokartons mit dem Ecklocher, kleben Sie ihn auf die Doppelkarte und bringen Sie das 3D-Motiv wie abgebildet auf. Bei diesem Motiv empfehle ich Ihnen, den süßen Jungen und die bezaubernden Tiere besonders hervorzuheben.

Rosafarbene Taufkarte
Kleben Sie den rosafarbenen und dann den weißen Fotokarton mittig auf die Doppelkarte. Nun kleben Sie das 3D-Motiv auf. Lassen Sie dabei die Bäume, das Mädchen in der Hängematte, die Schleifen und die Tierchen plastisch besonders hervortreten.

Material
- 3D-Motivbogen „Babys"
- Doppelkarte in Weiß, A6
- Fotokarton in Rosa, 9,5 cm x 14 cm
- Fotokarton in Weiß, 8,5 cm x 13 cm

Geburtstags-karten

Herzlichen Glückwunsch
Verzieren Sie die Ecken der Passepartout-Einlegeblätter und von zwei einfachen Einlegeblättern mit dem Ecklocher. Kleben Sie ein einfaches Einlegeblatt auf die erste Seite der Karte und gestalten Sie darauf das Clown-Bild in der 3D-Technik. Kleben Sie oberhalb des Bildes den Schriftzug „Herzlichen Glückwunsch" und unterhalb des Motivs „Zum Geburtstag" auf. Auf die zweite Seite wird das Elefanten-Motiv einfach nur aufgeklebt. Der Inline-Skater auf der dritten Seite wird mit der 3D-Technik plastisch hervorgehoben. Auf der vierten Seite erstellen Sie eine Schüttelkarte mit den Pailletten als Schüttelmaterial. Unten kleben Sie den Geschenkwagen vom Motivbogen auf. Das Motiv auf der fünften Seite kleben Sie ebenfalls nur einfach auf. Auf die letzte Seite der Leporellokarte kleben Sie dreieckige Lasche mit den Maßen 10 cm x 8 cm x 12,8 cm auf. Diese Lasche, die gut für Geldscheine geeignet ist, erstellen Sie aus dem letzten Einlegeblatt.

Teddybär
Übertragen Sie den gezackten Rand der Schablone auf den roten Fotokarton, schneiden Sie diesen mit der Schere aus und kleben Sie dann den roten Fotokarton auf die Doppelkarte. Danach prickeln Sie den oberen Teil des Motivs und die äußeren, geraden Linien der Schablone auf das Ornare-Papier. Kleben Sie dieses auf den Fotokarton, bringen Sie das 3D-Motiv auf und gestalten Sie den Schriftzug in der Relieftechnik. Der Schriftzug wird dann wie abgebildet bemalt.

Material
- 3D-Motivpapier „Kindergeburtstag", parfümiert
- Leporello-Karte (6-fach) in Weiß mit 3 einfachen und 3 Passepartout-Einlegeblättern in Grün-marmoriert, A6
- Pailletten „Happy Birthday" in Bunt-gemischt
- Klebeschriftzug „Herzlichen Glückwunsch" in Gold
- Klebeschriftzug „Zum Geburtstag" in Gold
- Klebemotive wie Luftballons, Hut etc. in Gold
- Mobilefolie, 0,2 mm stark
- Abstandsband (doppelseitig klebend)
- Klebeband (doppelseitig klebend)
- Ecklocher „Majestic"

Material
- 3D-Motivblatt „Teddys"
- Doppelkarte in Dunkelblau, A6
- Fotokarton in Rot, 9,7 cm x 14 cm
- Ornare-Papier in Weiß, 8,8 cm x 13 cm
- Embossing-Schablone „Herzlichen Glückwunsch"
- Reliefpaste
- Bastel-Acrylfarbe in Rot, Blau und Gelb
- Ornare-Schablone „Fest"

Zirkus-Drehkarte
Kleben Sie drei Bogenmotive auf die Drehscheibe. Danach befestigen Sie die Drehscheibe mit der Musterbeutelklammer, die der Drehkarte beiliegt, von innen an der Vorderseite der Drehkarte. Kleben Sie das gestaltete 3D-Motiv mittig und links oben ein einfaches Ballonmotiv auf.

Material

- Drehkarten-Farbdruck „Zirkus"
- Drehkarte in Dunkelgrün, 12,5 cm x 12,8 cm

Rosen zum Geburtstag

Material
- 3D-Motivblatt „Rosen"
- Doppelkarte in Elfenbein, 12,5 cm x 12,5 cm
- Fotokarton in Rosa, 11,5 cm x 11,5 cm
- Fotokarton in Creme, 8,3 cm x 8,3 cm
- Klebeschriftzug „Zum Geburtstag" in Gold

Auf die quadratische Karte kleben Sie zunächst den rosafarbenen Fotokarton, darauf das Blätter-Quadrat aus dem 3D-Motivblatt und zum Schluss den cremefarbenen Fotokarton. Erstellen Sie das Rosenmotiv in der 3D-Technik und kleben Sie es auf die linke obere Ecke der Karte. In der Ecke rechts unten positionieren Sie schräg den Klebeschriftzug „Zum Geburtstag".

Geburtstagsgeschenke

Material
- 3D-Motivpapier „Rose/Herz", parfümiert
- Doppelkarte in Dunkelblau, A6
- Fotokarton in Weiß, 13,5 cm x 9,5 cm
- Ornare-Schablone „Rahmen"
- Klebeschriftzug „Zum Geburtstag" in Gold

Zum 50. Geburtstag

Material
- 3D-Motivblatt „Hochzeit"
- Doppelkarte mit aufgedruckter Pergamentrolle in Weiß, A6
- Fotokarton in Creme, 10,5 cm x 15 cm
- Pailletten „50" in Gold
- Klebeschriftzug „Herzlichen Glückwunsch" in Gold
- Abstandsband (doppelseitig klebend)
- Klebeband (doppelseitig klebend)
- Mobilefolie, 0,2 mm stark
- Buntstifte in Creme und Hellbraun

Schneiden Sie mit einem Cutter das Blatt der vorgedruckten Pergamentrolle vorsichtig aus, und zwar so, dass die schwarzen Konturen sichtbar bleiben. Erstellen Sie dann eine Schüttelkarte mit den Pailletten als Schüttelmaterial und dem Fotokarton als Rückwand. Bemalen Sie die Rollen der Pergamentrolle mit den Buntstiften und gestalten Sie dann die 3D-Bilder. Zum Schluss dekorieren Sie die Karte mit dem Klebeschriftzug.

Prickeln Sie das Rahmenmotiv der Schablone auf den weißen Fotokarton. Umfahren Sie die Ränder der Schablone mit dem Bleistift und schneiden den Fotokarton dann mit der Silhouettenschere entsprechend aus. Kleben Sie den Fotokarton auf die Doppelkarte und erstellen Sie das 3D-Motiv. Zum Schluss verzieren Sie die Karte mit einem ausgeschnittenen Rosenmotiv und dem Klebeschriftzug.

Kommunions- und Konfirmationskarten

Kommunion

Zeichnen Sie mit Bleistift den ovalen Ausschnitt der Prickelkarte auf die Doppelkarte ab. Kleben Sie darauf zuerst das komplette Kommunionsmotiv auf und erstellen Sie dann das 3D-Bild. Kleben Sie den Kunststoffeinsatz der Blisterkarte darüber. Prickeln Sie das Muster, das vorgedruckt wurde, sorgfältig in die Prickelkarte und schneiden Sie deren gewellten Rand mit der Schere zu. Kleben Sie dann die geprickelte Karte ausnahmsweise mit den „erhabenen" Lochrändern nach unten auf, und zwar so, dass der Kunststoffeinsatz genau in den Ausschnitt der Prickelkarte passt. Zum Schluss kleben Sie den Klebeschriftzug auf.

Buchkarte

Kleben Sie den goldenen Fotokarton auf die hintere Innenseite der Buchkarte und schneiden Sie ihn dann passend zurecht. Auf die Vorderseite kleben Sie nun das Kommunions-Motiv, das Sie in der 3D-Technik erstellt haben. Anschließend verzieren Sie die Karte wie abgebildet mit den goldenen Bandornamenten.

Material
- 3D-Motivpapier „Kommunion/Konfirmation"
- Buchdoppelkarte in Weiß, 10 cm x 14 cm
- Fotokarton in Gold, 10 cm x 14 cm
- Klebebandornamente in Gold

Material
- 3D-Motivbogen „Teilnahme/ Kommunion"
- Prickel-Blisterkarte in Hellblau mit ovalem Einsatz und beiliegender Prickelkarte in Elfenbein, A6
- Klebeschriftzug „Kommunion" in Gold

Konfirmation

Material
- 3D-Motivbogen „Kommunion/Konfirmation"
- Doppelkarte in Dunkelgrün, A6
- Fotokarton in dunklem Lavendel, 8 cm x 12 cm
- Embossingpapier in hellem Lavendel, 10,5 cm x 14,5 cm
- Embossing-Schablone „Ornament"
- Klebeschriftzug „Konfirmation" in Gold

Prägen Sie den Rahmen und die Ränder der Embossing-Schablone in das Embossingpapier, schneiden Sie dieses mit der Silhouettenschere zurecht und kleben Sie es auf die Doppelkarte. Kleben Sie das Fotokarton-Rechteck darauf und erstellen Sie das 3D-Motiv. Zum Schluss kleben Sie den Klebeschriftzug auf.

Hochzeitskarten

Romantische Hochzeitskarte

Verzieren Sie die Ecken der Einlegeblätter mit dem Ecklocher und kleben Sie sie auf die Innenseiten der Dreifach-Karte. Auf die beiden äußeren Innenseiten bringen Sie jeweils ein gestaltetes 3D-Motiv auf. Auf die mittlere Innenseite kleben Sie das Motiv nur auf, ohne es in der 3D-Technik zu gestalten.

Material
- 3D-Motivbogen „Hochzeit"
- Dreifach-Karte in Weiß mit Passepartout-Einlegeblättern in Rosa-marmoriert, A6
- Ecklocher „Colonial"

Wir heiraten

Öffnen Sie das Fenster der Karte. Erstellen Sie dann das Hochzeitsmotiv in der 3D-Technik, und zwar so, dass der Blumenstrauß mit den Turteltauben auf der „Fensterbank" liegt. Lassen Sie dabei besonders die Blumen und die Tauben plastisch hervortreten. Verzieren Sie die Hochzeitskarte noch mit dem Klebeschriftzug und den Doppelringen.

Material
- 3D-Motivbogen „Hochzeit"
- Passepartout-Karte „Sprossenfenster" in Weiß, A6
- Stickerbogen „Wir heiraten" in Gold (mit Klebeschriftzug und Doppelringen)

Liebende Schwäne

Material
- 3D-Motivbogen „Hochzeit"
- Fotokarton in Weiß, 12,5 cm x 25 cm und 10,8 cm x 10,5 cm
- Fotokarton in Wasserblau, 12 cm x 12 cm
- Ornare-Schablone „Tauben"

Falten Sie aus dem großen weißen Fotokartonstück eine quadratische Doppelkarte. Legen Sie die Schablone auf den wasserblauen Fotokarton, umfahren Sie den Rand mit Bleistift und schneiden Sie ihn aus. Prickeln Sie dann noch den Wellenrand in den wasserblauen Fotokarton und kleben Sie ihn auf die Doppelkarte. Prickeln Sie nun das Taubenmotiv auf das kleine weiße Fotokartonstück und kleben Sie dieses ebenfalls auf die Karte. In der Mitte erstellen Sie das 3D-Bild mit den Schwänen. Auch die Blumen in den beiden unteren Ecken gestalten Sie in der 3D-Technik.

Kartengrüße zu Ostern

Frohe Ostern

Zeichnen Sie den Ausschnitt der Blisterkarte auf das Einlegeblatt ab und positionieren Sie dort das 3D-Bild. Befestigen Sie den Kunststoff-Einsatz hinter dem Ausschnitt und kleben Sie das Einlegeblatt mit dem 3D-Bild dahinter. Verzieren Sie die Karte mit zwei Relieftechnik-Motiven, die Sie mit hellen Frühlingsfarben bemalen. Bringen Sie zum Schluss den Klebeschriftzug auf der Karte an.

Material
- 3D-Motivbogen „Osterküken"
- Blisterkarte in Elfenbein mit ovalem Einsatz und Einlegeblatt, A6
- Embossingschablone „Huhn/Ei"
- Reliefpaste
- Bastel-Arylfarbe in Gelb, Rosa und Hellgrün
- Klebeschriftzug „Frohe Ostern" in Go

Osterglocken

Material
- 3D-Motivbogen „Osterglocken"
- Doppelkarte in Gelb, A6
- Fotokarton in Hellblau, 9,5 cm x 14 cm
- Fotokarton in Weiß, 8,5 cm x 13 cm

Kleben Sie zuerst den hellblauen und dann den weißen Fotokarton auf die Doppelkarte. Darauf platzieren Sie dann das rechteckige Motiv aus dem Motivbogen und gestalten die Osterglocken in der 3D-Technik.

Häschen-Karte

Bringen Sie das 3D-Motiv auf der Vorderseite der Umschlagkarte auf. Schließen Sie die Karte dann, indem Sie das Schleifenband durch die vorgestanzten Löcher ziehen und zu einer Schleife binden.

Material
- 3D-Motivbogen „Ostertiere"
- Umschlagkarte zum Falten in Weiß, 8 cm x 13,5 cm
- Schleifenband in Gelb, 3 mm breit, ca. 25 cm lang

Weihnachtskarten

Kinder bei der Krippe

Material
- 3D-Motivbogen „Weihnachtskinder"
- Doppelkarte in Dunkelgrün, A6
- Fotokarton in Gold, 14 cm x 9,5 cm
- Fotokarton in Dunkelgrün, 13 cm x 8,5 cm
- Klebesterne in Gold

Kleben Sie den goldenen und den dunkelgrünen Fotokarton auf die Doppelkarte und erstellen Sie dann das 3D-Motiv. Links und rechts neben dem 3D-Motiv kleben Sie noch Klebesterne auf, um weihnachtliche Akzente zu setzen.

Singende Kinder

Material
- 3D-Motivbogen „Weihnachten"
- Blisterkarte in Marineblau mit rechteckigem Einsatz und Einlegeblatt, 15 cm x 10,5 cm
- Klebeschriftzug „Frohe Festtage" in Silber
- Klebesterne in Silber

Passend zu dem rechteckigen Ausschnitt der Blisterkarte gestalten Sie auf dem Einlegeblatt das Kinder-Motiv in der 3D-Technik. Dann kleben Sie zuerst den Kunststoff-Einsatz mit Kraftkleber hinter den Ausschnitt und danach das Einlegeblatt mit dem 3D-Bild. Zum Schluss verzieren Sie die Karte mit den Klebesternen und dem Klebeschriftzug.

Weihnachtsduft

Material
- Quadratische Doppelkarte in Rot, 12,5 cm x 12,5 cm
- Serviette „Weihnachtsduft"
- Schreibmaschinenpapier in Weiß
- Klebebandornamente in Gold
- Klebesterne in Gold
- Serviettenkleber

Bringen Sie die Serviettenmotive auf das Schreibmaschinenpapier auf. Erstellen Sie dann aus dem mit dem Serviettenmotiv beklebten Schreibmaschinenpapier das weihnachtliche 3D-Motiv; dabei werden vor allem die Orange und die Nuss hervorgehoben. Zum Schluss verzieren Sie die Ränder des 3D-Serviettenmotivs mit den Klebebandornamenten und kleben die Klebesterne auf.

Sternenkarte

Kleben Sie zuerst den silbernen und dann den nachtblauen Fotokarton auf den weißen Fotokarton. Erstellen Sie darauf das Weihnachtsmann-Motiv in der 3D-Technik und kleben Sie die so entstandene Karte in die Zickzackkarte ein. Kleben Sie den Schriftzug und die Klebesterne auf und umranden Sie die linke Hälfte des halb ausgestanzten Sterns mit dem Lackstift.

Winterlandschaft

Bringen Sie das Serviettenmotiv auf das Schreibmaschinenpapier auf. Erstellen Sie daraus dann auf dem Einlegeblatt das 3D-Motiv, und zwar so, dass es genau in den rechteckigen Ausschnitt der Karte passt. Kleben Sie dann das Einlegeblatt hinter den Passepartoutausschnitt. Erst jetzt wird der Tannenbaum mit Silikonkleber aufgeklebt, und zwar diesmal so, dass er über den Rand lappt! Zum Schluss kleben Sie den Schriftzug und die Sterne auf.

Material
- Passepartout-Karte in Dunkelblau mit Einlegeblatt in Dunkelblau, A6
- Serviette „Winterland"
- Schreibmaschinenpapier in Weiß
- Klebeschriftzug „Frohe Weihnachten" in Gold
- Klebesterne in Gold
- Serviettenkleber

Material
- 3D-Motivbogen „Weihnachten"
- Zickzackkarte „Stern" in Dunkelblau, A6
- Fotokarton in Weiß, 10 cm x 14 cm
- Fotokarton in Silber, 8 cm x 11 cm
- Fotokarton in Nachtblau, 7,5 cm x 10,3 cm
- Klebeschriftzug „Frohe Weihnachten" in Silber
- Klebesterne in Silber
- Lackstift in Silber

Drehkarte „Frohe Weihnachten"

Material
- Drehkarten-Farbdruck „Frohe Weihnachten"
- Drehkarte in Dunkelblau, 12,5 cm x 12,8 cm
- Embossingschablone „Engel"
- Reliefpaste

Kleben Sie drei unterschiedliche Bogenmotive auf die Drehscheibe und befestigen Sie diese mit der beiliegenden Musterbeutelklammer von hinten an der Vorderseite der Drehkarte. Bringen Sie dann das Schneemann-Motiv in der 3D-Technik auf. Verzieren Sie zum Schluss die Karte mit den Relieftechnik-Sternen und -Schneeflocken.

Einladungskarten

Einladungskarte mit Clowns

Material
- 3D-Motivbogen „Clowns"
- Dreifach-Karte in Weiß mit 3 Passepartout-Einlegeblättern in Beige-marmoriert, A6
- Mobilefolie
- Abstandsband (doppelseitig klebend)
- Klebeband (doppelseitig klebend)
- Bunte Perlen, ø 2 mm
- Klebeschriftzug „Einladung" in Gold

Die mittlere Innenseite der Karte gestalten Sie als Schüttelkarte, und zwar mit den Perlen als Schüttelmaterial. Kleben Sie dann das Motiv mit den drei Clowns einfach nur auf. Kleben Sie die restlichen beiden Einlegeblätter auf die linke und die rechte Innenseite. Das Motiv auf der rechten Innenseite der Karte wird einfach nur aufgeklebt, ohne in der 3D-Technik gestaltet zu werden. Auf der linken Innenseite gestalten Sie den großen und die beiden kleinen Clowns als 3D-Bild und kleben den Schriftzug auf.

Einladungskarte im Asien-Look

Material
- 3D-Motivpapier „Asien", parfümiert
- Doppelkarte in Rot, A6
- Fotokarton in Schwarz, 9,5 cm x 14 cm
- Klebemotive „Asia" in Gold
- Klebeschriftzug „Einladung" in Gold

Einladungskarte mit Blumen

Kleben Sie die Fotokartonstücke wie abgebildet übereinander auf die Doppelkarte. Kleben Sie die Motive auf, gestalten Sie die Blumen und den Rahmen in der 3D-Technik und kleben Sie zum Schluss den Schriftzug auf.

Material
- 3D-Ornare-Papier „Glückwunsch"
- Doppelkarte in Ecru, A6
- Fotokarton in Dunkelgrün, 9,5 cm x 14 cm
- Fotokarton in Rosa, 9 cm x 13,5 cm
- Fotokarton in Creme, 8,5 cm x 13 cm
- Klebeschriftzug „Einladung" in Gold

Kleben Sie den schwarzen Fotokarton auf die Doppelkarte und bringen Sie das asiatische Motiv in der 3D-Technik auf. Versehen Sie die Karte dann mit dem Schriftzug „Einladung" und dekorieren Sie sie zusätzlich mit den asiatischen Klebemotiven.

Karten für alle Gelegenheiten

Musikkarte

Material
- 3D-Motivbogen „Teddybären"
- Doppelkarte mit aufgedruckten Noten in Weiß, A6
- Fotokarton in Königsblau 7,8 cm x 10,5 cm

Kleben Sie den königsblauen Fotokarton auf die Karte und platzieren Sie darauf zunächst das komplette Teddymotiv. Danach erstellen Sie das Bild in der 3D-Technik.

Muscheln

Material
- 3D-Motivblatt „Maritim"
- Quadratische Doppelkarte in Dunkelblau, 12,5 cm x 12,5 cm
- Fotokarton in Wasserblau, 12 cm x 12 cm und 4,5 cm x 4,5 cm
- Fotokarton in Weiß, 11 cm x 11 cm
- Ornare-Schablone „Muscheln"

Übertragen Sie den gewellten Rand der Schablone auf das größere Stück des wasserblauen Fotokartons, schneiden Sie ihn entsprechend aus und kleben Sie ihn auf die quadratische Karte. Prickeln Sie dann das Muschel-Motiv sehr sorgfältig in den weißen Fotokarton und kleben Sie ebenfalls auf die Karte. Kleben Sie dann mittig das kleine Quadrat in Wasserblau auf die geprickelte Karte und gestalten Sie darauf das 3D-Muschelbild.

Rose

Falten Sie aus dem großen Stück des rosafarbenen Fotokartons eine Doppelkarte. Prägen Sie das Rosenmuster in das Ornare-Papier. Übertragen Sie außerdem den gewellten Rand der Schablone auf das Papier, schneiden Sie es dann entsprechend aus und kleben Sie es auf die Doppelkarte. Kleben Sie die beiden rosafarbenen Fotokartonstücke versetzt auf die Karte und erstellen Sie das Rosenmotiv in der 3D-Technik.

Material
- 3D-Motivblatt „Rosen"
- Fotokarton in Rosa, 21 cm x 15 cm (1 x) und 6,5 cm x 6,5 cm (2 x)
- Ornare-Papier in Weiß, 10 cm x 14 cm
- Embossing-Schablone „Rosen"

Pilze

Legen Sie die Schablone auf den weißen Fotokarton, umfahren Sie deren Rand mit Bleistift und schneiden Sie ihn aus. Prickeln Sie dann die Blätter in den weißen Fotokarton und kleben Sie die so entstandene Prickelkarte auf die Doppelkarte. Kleben Sie das kleine, dunkelgrüne Fotokartonstück auf und gestalten Sie die Pilze in der 3D-Technik – schon ist Ihre herbstliche Karte fertig!

Material
- 3D-Motivblatt „Pilze"
- Doppelkarte in Dunkelgrün, A6
- Fotokarton in Weiß, 9,3 cm x 13 cm
- Fotokarton in Dunkelgrün, 4, cm x 5,8 cm
- Ornare-Schablone „Herbst"

Vogelscheuche

Material
- 3D-Motivblatt „Vogelscheuche"
- Doppelkarte mit aufgedruckter Flasche in Weiß, A6
- Fotokarton in Weiß, 10,5 cm x 15 cm
- Abstandsband (doppelseitig klebend)
- Klebeband (doppelseitig klebend)
- Mobilefolie, 0,2 mm stark
- Getreidekörnchen
- Buntstift in Braun

Schneiden Sie die aufgedruckte Flasche entlang der Kontur aus. Erstellen Sie eine Schüttelkarte, wobei Sie die Getreidekörnchen als Schüttelmaterial verwenden, und bemalen Sie den Korken der Flasche mit dem braunen Buntstift. Bringen Sie dann die 3D-Motive wie abgebildet auf die Karte auf. Die Vogelscheuche ist dabei halb auf der Flasche, halb auf der Karte.

Kürbiskinder

Kleben Sie zuerst den mangofarbenen und dann den kiwifarbenen Fotokarton auf die Doppelkarte. Danach bringen Sie das Kürbiskinder-Motiv in der 3D-Technik auf. Zum Schluss kleben Sie den Schriftzug auf.

Material
- 3D-Motivbogen „Kürbiskinder"
- Doppelkarte in Dunkelgrün, A6
- Fotokarton in Mango, 10 cm x 13 cm
- Fotokarton in Kiwi, 9 cm x 12 cm
- Klebeschriftzug „Herzlichen Dank" in Gold

Genesungswünsche

Gute Besserung

Material
- 3D-Motivbogen „Gute Besserung"
- Doppelkarte in Dunkelgrün, A6
- Fotokarton in Weiß, 9,5 cm x 14 cm
- Embossingschablone „Gute Besserung"
- Reliefpaste
- Bastel-Acrylfarbe in Rot

Kleben Sie den Fotokarton auf die Doppelkarte. Anschließend erstellen Sie das 3D-Motiv und bringen den Schriftzug „Gute Besserung" in der Relieftechnik auf. Bemalen Sie den Schriftzug zum Schluss mit roter Acrylfarbe.